I0496222

THIS COLORING BOOK BELONGS TO

I Believe in You

Follow
your heart

You are
the
Best

True
Love
NEVER
ENDS

Be Kind

You make me Proud

Anything
is
Possible

Stay
Strong

Forever
LOVE

Love is Sweet

My heart is yours

Make
today
Great

Do What You
love

Trust
yourself

Never
Settle

Chill out

HAVE
a!
GOOD
DAY

You can do this

forever
AND
always

LOVE

Let
Love
GROW

I can
and
I will

Life
is
Beautiful

Love
is all Around

Love will find you

You make my heart smile

Because
of
Love

my mom
is the
Best

GOOD BYE
Have
a
Good
trip

GOOD
Morning
have
a
wonderful
day

THANK
YOU
for your
Support

no rain
no flowers

Come with me

Never
Give
Up

Make
TODAY
GREAT

Sweet Heart

Just
for
You

All you
need
is
love

Love is in the Air

hope

Be the Light
You're amazing

Make Something Cool
EVERY DAY

TRUST

Love
is
the
answer

Time to
Shine

Love
You make me happy

Today is a
GOOD
DAY

have
a
nice
Day

GIVE
THANKS

www.ingramcontent.com/pod-product-compliance
Lightning Source LLC
Chambersburg PA
CBHW060430220526
45465CB00008B/3083
* 9 7 9 8 6 4 0 6 1 0 9 7 0 *